TRÈS HUMBLES REPRÉSENTATIONS

A LEURS EXCELLENCES

LES MINISTRES DU ROI,

EN CONSEIL DES MINISTRES;

PAR

LES CRÉANCIERS DU ROI.

PARIS.

DE L'IMPRIMERIE DE PIHAN DELAFOREST (MORINVAL),
RUE DES BONS-ENFANS, N°. 34.

MAI 1829.

A LEURS EXCELLENCES

MESSIEURS

LES MINISTRES DU ROI,

EN CONSEIL DES MINISTRES.

———————

EXCELLENCES,

Dans la séance de la Chambre des Députés, du
7 mai 1828, M. le Ministre des finances, en par-
lant de certaines dettes de l'État, pour lesquelles,
a-t-il dit, il fallait faire un sacrifice nécessaire, a
ajouté : « La loi des finances doit subvenir à toutes
» les nécessités de l'État. »

Or, Messieurs, quelle nécessité de l'État plus urgente que celle de faire une justice impérieusement réclamée, depuis quinze ans ! par l'honneur du Trône, par l'honneur de la France, par l'honneur et la conscience du Roi ? c'est-à-dire, d'opérer enfin le paiement de ces dettes des Princes français chez l'Étranger, refuge de la légitimité ; de ces dettes, *devenues dettes de l'État*, par la restauration, par le double avènement et par la loi fondamentale, à laquelle les Cours royales et de cassation se réfèrent en toute occasion.

« N'est-ce pas avoir trahi la Couronne, » a-t-on dit dans la proposition d'accusation de l'ancien Ministère, « que de l'avoir montrée si souvent » ingrate envers ceux qui, dans ses revers, ont » sacrifié pour Elle, leur fortune et leur vie ? »

Dans sa séance du 5 juillet suivant, la Chambre des Pairs, après une discussion lumineuse, a renvoyé la pétition des créanciers du Roi à M. le Ministre des finances, sur ce principe « que le droit » public du royaume veut que les dettes con- » tractées par le Prince qui succède à la couronne » fassent partie de la dette publique. »

Enfin, dans la séance de la Chambre des Députés du 21 juillet suivant, où le rapport du comité a conclu, *à l'unanimité*, au renvoi de la même pétition à M. le Ministre des finances, Son Excellence a annoncé à la Chambre, « que le Roi avait ordonné « qu'il fût nommé une Commission, pour exami-

» ner la validité des titres de ceux qui se préten-
» daient créanciers. »

En effet, une Ordonnance du Roi du 2 août suivant, a nommé une Commission, dont les membres
ont été proposés à Sa Majesté par M. le Ministre des
finances, et devant laquelle les créanciers ont été
avertis de venir *faire reconnaître et fixer leurs
créances*.

Cette honorable Commission a tenu sa première
séance, le 11 du même mois. « Elle s'est interdit
» toute communication directe, soit verbale, soit
» par écrit, avec les anciens créanciers de la Fa-
» mille Royale ; » et elle a arrêté « qu'elle ne rece-
» vrait de documens que de M. l'Intendant-général
» de la maison du Roi. »

Depuis ce moment « elle s'est occupée *en secret*,
» mais avec tout le zèle et l'activité possibles, de liqui-
» der définitivement ces créances ; » et tout ce que
les créanciers, accourus de l'Étranger, ont pu savoir,
c'est que cette liquidation est enfin terminée ; et que
le travail a été remis à la maison du Roi, qui doit
prendre les ordres de Sa Majesté, et les transmettre
au Conseil des Ministres, pour y être avisé aux termes et mesures de paiement.

Vos Excellences savent, mieux encore que les
créanciers du Roi, combien le cœur de Sa Majesté
appelle, de toutes les forces de sa reconnaissance,
envers ceux qui l'ont accueilli, *dans ses revers*, le
paiement de ces dettes de l'hospitalité. Elle s'en est

exprimée dans les termes les plus touchans, avec l'un des plus éminens personnages de l'État, et sans doute, avec Vos Excellences; « ces dettes lui tien-
» nent à cœur, la gênent, lui pèsent; et Elle ne
» jouira d'un vrai contentement, que quand elles
» seront enfin acquittées. »

C'est dans son Conseil, c'est avec Vos Excellences que l'Ordonnance du 2 août a été résolue et préparée. Le *Moniteur* l'a publiée dans toute l'Europe. Elle m'a servi, dans mon dévouement inaltérable à Sa Majesté, à y arrêter des scandales que le désespoir allait causer, *et dont je suis parvenu à détruire les moyens!* Elle a fait bénir le nom de Charles X. On a enfin retrouvé et reconnu, dans cette mesure préparatoire de justice, la grande âme de Charles-Philippe, et les vues loyales d'un Minis-tère *qui ne trahira pas la Couronne, en la montrant ingrate envers ceux qui, dans les revers, lui ont sacrifié leur fortune et leur vie.*

Mais, Messieurs, quels bruits affligeans vien-nent tout-à-coup suspendre ce concert de louan-ges et de bénédictions, et arrêter nos justes espé-rances?

C'est en vain, dit-on aujourd'hui aux créanciers du Roi, que la Commission a fini son travail pour être présenté au Conseil des Ministres et aux Cham-bres. — *Les circonstances ne sont pas favorables.* — M. le Ministre des finances *craint de hasarder* aucune proposition relative aux dettes du Roi ! *Il craint* qu'on ne lui demande l'emploi des 3o millions votés en 1814.

Messieurs, lorsque, le 29 décembre 1824, le Roi m'eut autorisé à voir, *de sa part*, M. le comte de Villèle et M. le duc de Doudeauville, pour les accorder au sujet du paiement de ses dettes, j'ai vu ces deux Ministres, et voici le résultat de ma négociation :

Le 5 de février 1825, il fut convenu que M. le Ministre de la maison du Roi donnerait à celui des finances les états de l'emploi des 3o millions, et les états de ce qui restait à payer des dettes de Leurs Majestés ; pour que, muni de ces pièces, ce dernier pût faire aux Chambres la demande des fonds supplémentaires à la loi du 21 décembre 1814, qui seraient nécessaires pour l'entier acquit de ces dettes.

M. le duc de Doudeauville nomma sur-le-champ une Commission pour connaître la quotité des dettes de Leurs Majestés, et s'est empressé de faire travailler aux états de l'emploi des 3o millions. Il a remis ces deux états à M. le Ministre des finances, qui y a vu qu'il pouvait, *sans crainte*, les présenter aux Chambres. Il m'a dit à ce sujet, le 26 février 1826, qu'il n'y avait, comme on lui en avait fait peur, aucune dilapidation dans l'emploi des 3o millions : mais quelques divertissemens, en objets respectables et sacrés, tels que deux millions payés à la fille de M. Necker, 5oo mille francs à M. le baron de Batz, et quelques autres dettes du roi Louis XVI , *de leur nature à la charge de l'État*, et que la piété fraternelle de Louis XVIII avait adoptées et reconnues comme ses dettes propres.

Or , Messieurs, qui des Français oserait exhumer ces mânes augustes pour leur en demander compte?

Aussi M. le comte de Villèle , désormais rassuré sur l'emploi des 30 millions, me dit-il, le 25 de février, ainsi qu'il l'a répété à M. le duc de Doudeauville, « qu'on s'occupait dans ses bureaux des » états de ce qui pouvait revenir à Leurs Majestés » en vertu de la loi d'indemnité, pour qu'aussitôt » que ces états seraient achevés, il puisse demander » aux Chambres que le montant en soit appliqué au » paiement des dettes royales ; par où, ajouta-t-il , » la somme des fonds supplémentaires à y ajouter » sera plus légère ; si même aucun supplément y » est nécessaire ; tant le montant du reste des dettes » se trouvait au-dessous de ce qu'on avait d'abord » annoncé. »

Vos craintes, Messieurs, à l'égard de l'emploi des 30 millions, étant désormais dissipées, pourrait-il en rester d'autres à Vos Excellences, sur ce qu'on dit *des difficultés des circonstances?* Ces craintes de Vos Excellences, si elles existent , ne seraient-elles pas (pour me servir des termes mêmes qui ont naguère retenti dans les Chambres) une sorte de *calomnie?...* Car il y a été proclamé, avec un assentiment unanime, « qu'elles tiendraient pour *calomnieux* tout

» . ce qui semblerait porter du doute sur leur amour
» du trône et de la dynastie, si puissamment em-
» preint dans le cœur de tous les Français !...... et
» qu'où il s'agira d'une dette rigoureuse, chacun
» s'empressera d'en voter le paiement. »

Ces craintes ne seraient-elles pas une sorte de rétractation du bel élan de l'une de Vos Excellences, qui, dans la même séance, attestait si noblement à la France « qu'à ses yeux, dans son cœur, dans sa » conscience, on ne pouvait signaler, dans les » quinze années qui ont suivi la restauration, au- » cun acte d'injustice..., *de banqueroute ?* »

Ce terme émane d'un de vous, Messieurs ; qu'il me soit permis de le paraphraser devant vous !

Après quinze années d'atermoiement du paiement des dettes de Leurs Majestés très-chrétiennes ; après le travail de la Commission, créée le 2 d'août 1828, *pour reconnaître et fixer* ces dettes sacrées ; que serait et comment qualifier un nouvel atermoiement, si déjà le plus simple atermoiement est une *banqueroute ?*

Ces dettes sont restées dettes du Roi ; ou elles sont devenues dettes de l'État.

Si elles sont restées dettes du Roi, elles sont à la charge de la liste civile ; et il y a *banqueroute,* quand elle ne les paie pas !

Mais elles sont devenues dettes de l'État : les Cours royales et de cassation, la Chambre des Pairs, celle des Députés, la loi du 21 décembre 1814, les ont reconnues dettes de l'État (celle qui me concerne a été liquidée comme dette de l'État, par un Arrêté régulier de M. le Préfet) : elles sont donc à la charge de l'État. *Elles sont de ces dettes rigoureuses*, dont la justice ordonne d'autant plus *rigoureusement* le paiement, que l'honneur de la France, l'honneur de la Couronne et la conscience du Monarqne y sont intéressés, et que l'atermoiement serait *une banqueroute*.

Eh ! dans quelles autres circonstances, Messieurs, se ferait ce nouvel atermoiement ?

Après quinze années de restauration ! le Roi, par une Ordonnance émanée du Trône, aura appelé les créanciers de l'hospitalité à venir *faire reconnaître et fixer leurs créances*, en souffrance depuis vingt et vingt-cinq années antérieures ! Malheureux et dans le besoin, la plupart auront accumulé les sacrifices, épuisé leurs dernières ressources, pour accourir, des diverses contrées de l'Europe, à cette voix auguste, qui leur annonce, qui leur promet leur remboursement : et quand, après neuf mois d'un séjour onéreux, dans cette capitale ruineuse, ils auront appris qu'enfin leurs créances sont solennellement *reconnues et fixées* ;...... ils seraient renvoyés, sans être payés, sans qu'on leur dise quand ils seront payés : les mains vides, et sous un ajournement sans terme et sans fin ; plusieurs réduits à mendier leur viatique ; éconduits sans pitié, pour n'être désormais que des objets de pitié ! maudis-

sant leur existence , et jusqu'à leur dévouement......
si mal récompensé ! du Monarque, *à qui, dans ses
revers, ils ont sacrifié leur fortune et leur vie !*

Se pourrait-il un acte plus arbitraire du puis-
sant contre le faible ? *une banqueroute* plus scanda-
leuse ? une déception plus cruelle ? un procédé plus
odieux , plus révoltant , plus contraire à la dignité
de l'auguste débiteur ? plus funeste, dans l'Europe
et dans l'histoire , à l'honneur du règne de Charles X, à celui du ministère de Vos Excellences ? plus
propre à justifier le reproche *de trahison de la Couronne , d'injustice , de discrédit,* de déconsidéra-
tion ? plus affligeant pour la vieillesse de ce roi-che-
valier qui ne cesse de manifester ce besoin de sa
conscience , d'être délivré de ces dettes saintes et
sacrées du dévouement et de l'hospitalité , *devenues
dettes de l'État,* « aux nécessités duquel M. le Mi-
» nistre des finances a déclaré , du haut de la tri-
» bune , que la loi des finances doit subvenir » ,
et auxquelles la même tribune a répondu que *les
Chambres ne se refuseraient jamais.*

Ah ! sans doute, Messieurs , un atermoiement
nouveau , qui produirait de tels scandales , est impossible : et plus il est impossible , plus les malheureux créanciers du Roi , *qui m'ont chargé d'être
leur interprète auprès de vous,* doivent penser que
les bruits désespérans qui se répandent n'ont aucun fondement , et que mes humbles représenta-
tions , adressées ici à Vos Excellences ; AU NOM DE

TOUS, obtiendront d'Elles qu'il soit pris les mesures les plus prochaines, pour que le paiement des dettes de Leurs Majestés, *qui sont reconnues et fixées,* n'éprouve plus de retard.

Paris, rue Castiglione, n°. 2, le 11 mai 1829.

LE COMTE DE **PFAFFENHOFFEN,**

Ancien Tréfoncier de Liége,
ex-Administrateur Prince-postulé
de Stavelot et Malmédy.

————————

P. S.

J'ai parlé généralement à Vos Excellences, au nom de tous les créanciers du Roi ; qu'il me soit permis de leur parler particulièrement de moi, et de mes cruelles détresses.

De moi, dis-je, à qui, créateur, malgré les empêchemens qu'y apportaient les Puissances, de l'armée de Bourbon, ce Prince, en me demandant un prêt pour la compagnie de Normandie, écrivait : « Je n'en dirai pas davantage, parce que je sais que » c'est un moyen de vous plaire que de vous pré- » senter une occasion de faire quelque chose d'utile » et d'agréable à la Noblesse française. »

De moi , à qui , bienfaiteur de la Noblesse française, Monseigneur duc de Berri écrivait : « Votre
» conduite généreuse envers les émigrés augmente
» chaque jour les sentimens que je vous ai voués. »

De moi, à qui Monseigneur le Dauphin écrivait :
« Personne ne rend plus de justice que moi au zèle
» qui vous anime pour le bien public , et ne désire
» plus sincèrement qu'il vous assure tous les succès
» que vous méritez. »

De moi, à qui Louis XVIII , en me promettant
de me faire payer annuellement des à-comptes sur
ma créance , et de doubler le plus tôt qu'il pourrait
la pension qu'il m'avait accordée, disait : « Je n'en
» serai pas moins en reste avec vous ;... il est des
» dettes telles que les rois mêmes ne peuvent pas
» les payer. »

De moi enfin , à qui Charles X , dans dix lettres
autographes , « désirait trouver des occasions de
» donner des preuves de la satisfaction qu'il res-
» sentait, pour tous les soins que je me donnais ,
» pour le plus grand bien du service du Roi, ainsi
» que pour l'adoucissement des maux que la No-
» blesse française supportait avec tant de cou-
» rage , etc. , etc., *et me promettait de reconnaître*
» *et de récompenser mes bonnes et honorables ac-*
» *tions.* »

Eh ! quelles sont ces récompenses ?

Après avoir subi deux fois la prison , et y avoir été
dépouillé de papiers, dont la perte m'a coûté plus de

3oo,ooo francs, mes réclamations en indemnité, adressées successivement aux rois Louis XVIII et Charles X, et appuyées par l'Ambassade impériale d'Autriche, ont été, *par un délit peut-être sans exemple*, rejetées par un Arrêté du Ministre, sur une requête *imaginaire et supposée*, qui n'a jamais existé !!!!

Eh ! quelles sont ces récompenses ?

Après avoir (pour obéir au jugement qui m'a condamné à payer une dette de Leurs Majestés, dont je m'étais rendu la caution solidaire) été obligé de vendre, en 1818, au cours de 73, 28,000 fr. de mes rentes, aujourd'hui au cours de 108 ! — privé, depuis onze ans, de ce revenu, et, *depuis le règne de Charles X*, des à-comptes que Louis XVIII me faisait payer et avait promis de me faire payer chaque année ! — obligé de recourir à des emprunts onéreux pour subvenir à ce *déficit*, et aux frais de dix voyages de Vienne à Paris! (7,000 *lieues*); et de mes différens séjours dans cette capitale, qui ensemble forment environ huit années ! — poursuivi par un impitoyable créancier, qui, en ce moment même (le 7 Mai), me fait exproprier, par adjudication judiciaire et définitive, de la seule ferme patrimoniale qui me reste ! — je suis réduit, dans la 76e. année de mon âge, à n'avoir bientôt plus un abri où me réfugier, un fumier où étendre mes membres, une pierre où reposer ma tête !!!!

J'ai adressé à Madame la Dauphine, au Roi, les affiches de la vente de ma ferme ; S. A. R. et S. M. m'ont fait annoncer qu'Elles avaient renvoyé mes doléances à M. l'Intendant-général de la maison du Roi, à qui j'ai appris que la Commission même, *chargée de reconnaître et fixer ces dettes royales*, avait écrit pour l'engager à venir à mon secours par une seule des avances annuelles que Louis XVIII m'avait promises, et qui eût sauvé ma ferme ! M. l'Intendant-général m'a exprimé par sa réponse, « qu'il regrettait vivement que *les ressources limi-* » *tées* de la liste civile ne lui permissent pas de faire » le dernier effort que je réclamais d'elle : . . . et » qu'il fallait que je prisse la peine d'attendre » l'achèvement du travail de la Commission, — » lequel sera remis au Conseil des Ministres, qui » lui donneront la suite qu'ils jugeront convenable. »

Je ne dois rien taire à Vos Excellences.

Les deux premières criées de ma ferme ont eu lieu le 5 mars et le 6 d'avril ; elles ont été accueillies par des cris d'indignation des assistans, et tout Vienne a retenti de clameurs que le cœur me saigne à vous répéter. « Honte, honte ! ! ! . . . .
. . . .
. . . .
. . . .
. . . . »

Oh ! oui ! le cœur me saigne, Messieurs, et je n'acheverai pas (car, dans mes profondes misères, rien n'est capable d'altérer mon amour et mon respect pour l'auguste débiteur à qui je me suis dévoué depuis quarante ans), le cœur me saigne! et se refuse à vous répéter ces clameurs, qu'a semblé prévoir l'interpellation de l'acte d'accusation de l'ancien Ministère : « *N'est-ce pas avoir trahi la Cou-* » *ronne que de l'avoir montrée si souvent ingrate* » *envers ceux qui, dans ses revers, lui ont sacrifié* » *leur fortune et leur vie.* »

Mais ce n'est pas au Ministère de Vos Excellences que pourra s'adresser ce reproche ; c'est à Elles que les créanciers du Roi doivent déjà la Commission qui a *reconnu et fixé* leurs créances, et c'est d'Elles, c'est de votre dévouement à Sa Majesté, et de votre amour pour la justice et pour l'honneur national, qu'ils attendent leur paiement.

J'ai l'honneur d'offrir à Vos Excellences l'hommage de ma plus haute considération,

Comte de PFAFFENHOFFEN.